INVENTAIRE
35140

AF309543

LA

COUSEUSE AUTOMATE

Faits et documents relatifs au Moteur
Automatique

ADAM-GARCIN, DE COLMAR

DEPUIS SON ORIGINE EN ALSACE
JUSQU'A SA TRANSLATION EN PICARDIE.

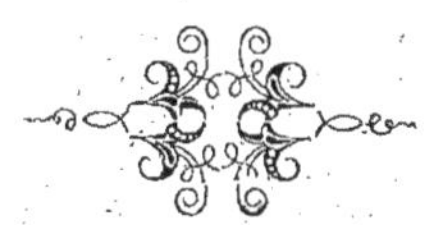

AMIENS,
Imprimerie YVERT, rue des Trois-Cailloux, 64
—
1871

LA

COUSEUSE AUTOMATE

35646

DÉPOT LÉGAL
Somme
1872

LA
COUSEUSE AUTOMATE

Faits et documents relatifs au Moteur
Automatique

ADAM-GARCIN, DE COLMAR

DEPUIS SON ORIGINE EN ALSACE
JUSQU'A SA TRANSLATION EN PICARDIE.

AMIENS,
Imprimerie YVERT, rue des Trois-Cailloux, 64

1871

AVANT-PROPOS

Au sein de notre chère Alsace, cette terre classi-
que du patriotisme et du dévouement, il y avait na-
guère, comme il y aura toujours et quand même, un
ardent foyer et un rayonnement rapide pour les idées
généreuses.

Epris à jamais de l'idéal du bien et du juste,
et merveilleusement prédestiné par ses antécédents
et sa belle position topographique, intermédiaire
entre deux races rivales qu'il fallait fondre ensemble pour les mieux engrener dans les diverses
voies de la civilisation et du progrès, ce brave pays
d'Alsace-Lorraine ne pourrait pas renier les vertus
originaires de la vieille Austrasie, ni changer rien
à cette énergique nature qui l'a mis au premier rang
parmi les autres provinces de l'impérissable patrie
française. Toujours, on peut l'affirmer sans craindre
un démenti, ces poétiques montagnes et ces char-
mantes vallées des Vosges abriteront le riche trésor
d'un travail intrépide et d'une émulation frater-

nelle. Du fond de cet inépuisable sol, de ces fontaines si pures et salutaires, ainsi que du chaste sein de ces vigoureuses nourrices, toujours il jaillira, comme d'une source pérenne de force et de courage, un perfectionnement illimité des aptitudes les plus vives pour l'accomplissement d'une providentielle destinée. Ici le présent peut répondre de l'avenir ; et l'œil et le cœur, dont la tendance instinctive est de se porter en avant et en haut — sursùm corda ! — l'œil et le cœur pourront, longtemps encore, saluer sur la cime inaccessible des édifices les plus populaires et les plus vénérés de ce patriarcal pays, la perpétuité du drapeau national et du nid audacieux de l'inviolable cigogne ! Les générations présentes et futures conserveront là les emblèmes sacrés d'un culte, d'un instinct et d'un génie traditionnels.

Ces considérations, d'une portée permanente et générale, nous ont été suggérées par un incident et une situation particulièrement intéressante, qui venait de se produire et allait entrer dans la voie d'un libre développement, lorsque éclata l'immense désastre qui vient d'arracher l'Alsace à la France. Nous voulons parler de la belle invention de la Couseuse Automatique Adam-Garcin, de Colmar, et de la violente compression, momentanément imposée à son naissant essor.

Un mot, d'abord, sur les auteurs de cette magnifique invention :

Mlle Caroline Garcin est la quatrième fille de M. Nicolas Garcin, ancien négociant à Nancy. Ayant à peine connu sa mère, qu'elle perdit à l'âge de deux ans, elle fut élevée par les soins de ses sœurs aînées et surtout par la tendre affection d'un père qui ne négligea rien pour assurer à sa jeune famille le bienfait d'une éducation complète. Aussi, les quatre sœurs se trouvèrent-elles, de bonne heure, en mesure de se consacrer à la carrière de l'enseignement. L'aînée et la troisième, en Hongrie et en Russie ; la seconde et la dernière à Colmar, où elles fondèrent un pensionnat important qu'elles dirigèrent avec succès, pendant dix-huit ans, jusqu'aux vacances de 1868.

A cette époque, date de la mise en œuvre de l'invention dont il s'agit ici, les deux sœurs, Caroline et Amélie, remercièrent les familles, et par une association entre elles deux et M. Adam, elles transformèrent leur pensionnat de la rue des Blés en une usine spécialement destinée à la fabrication et à la vente de la Couseuse Automatique, dont le succès et la réputation réclamaient leur activité.

M. Adam (Urbain-Louis), est originaire de Colmar, où sa famille est, de temps immémorial, honorablement connue dans l'horlogerie. Ses travaux remarquables remplissent l'Alsace. On peut citer particulièrement son horloge monumentale pour l'église cathédrale de Colmar.

M. V.

Amiens, 16 novembre 1871.

Extrait du procès-verbal de la séance de la Société d'agriculture, sciences et arts du Bas-Rhin, en date du 27 décembre 1868.

C'est M. Campaux, professeur à la Faculté des lettres, qui est chargé cette année d'apporter à la séance de la Société d'agriculture, le tribut de bonne confraternité de la Société littéraire. Il avait choisi pour sujet de son discours la Couseuse Automate, in_ventée ou plutôt confectionnée par M. Adam, l'habile horloger de Colmar, auquel l'église catholique de cette ville doit le chef-d'œuvre d'horlogerie qu'elle possède, et qui ne semble pas généralement apprécié à sa juste valeur.

Il nous est impossible d'analyser le discours ou plutôt le poème épique en prose, sorti de la plume élégante de M. Campaux. Nous résumons fort prosaïquement les faits qu'il a exposés avec une verve entraînante qui lui a valu les applaudissements chaleureux de l'Assemblée.

Mlle Caroline Garcin, de Colmar, en mai 1867, déplorant la sujétion à laquelle sont soumises les ouvrières qui mettent, par leurs pieds, en mouvement les machines à coudre, s'est dit qu'il doit se trouver un moyen de remédier à cette fatigue. Saisie de la fièvre des inventeurs, elle n'eut ni trêve ni paix qu'elle n'eût trouvé un artiste qui donnât corps à son idée. Elle s'adressa à M. Adam qui, à force de peines, de recherches, finit par trouver le moyen de réaliser les vues de Mlle Garcin. Quand la machine fonctionna à leur commune satisfaction, ils l'emportèrent à Paris où la foule des connaisseurs en apprécia toute l'importance.

Présentée à la Société industrielle de Mulhouse, la couseuse automate fut, en novembre dernier, l'occasion d'une excellente appréciation par M. Heilmann, et c'est dans ces conditions que les inventeurs sont venus la présenter à notre Société, dans sa séance solennelle. Un trop petit nombre de personnes l'y ayant vue fonctionner, Mlle Garcin et M. Adam, à la demande de M. le Préfet, ont bien voulu permettre qu'elle restât à Strasbourg pendant la présente semaine. Les personnes que cette question intéresse, pourront la visiter chaque jour (le 1er janvier excepté), dans le local de la Chambre de commerce, que M. le président Sengerwald s'est empressé de mettre à la disposition des inventeurs.

Nous n'avons pas besoin de dire les chaleureux applaudissements qui accueillirent la présence de Mlle Garcin et de M. Adam.

Les dames surtout, à l'exemple de Mesdames Pron et Ducrot, se sont empressées d'offrir leurs meilleures félicitations aux deux heureux inventeurs qui ont dû trouver dans l'unanimité de l'appréciation quelque compensation aux longs et nombreux ennuis que leur a causés l'exécution du projet si long-temps caressé.

On lit dans le journal *l'Impartial du Rhin*, du 31 décembre 1868 :

HISTOIRE DE LA COUSEUSE AUTOMATE

RACONTÉE

Par M. Antoine CAMPAUX

Le 27 décembre 1868

A la séance annuelle de la Société des sciences, agriculture et arts de Strasbourg.

———

MESSIEURS,

Je vous demande la permission d'acquitter le tribut de bonne confraternité que la *Société littéraire* est heureuse de payer tous les ans à la *Société des sciences, agriculture et arts*, avec une simple histoire, faite, si je ne la gâte pas, pour intéresser, presque à titre égal, l'une et l'autre Société : la Société des sciences, par l'exposition d'une invention, née en Alsace, aux portes même de Strasbourg, et qui touche à la fois à la science et à l'art ; la Société littéraire, par le récit des efforts d'intelligence et de persévérance, que cette invention a coûtés à ses auteurs, ainsi que par le tableau des péripéties par lesquelles elle a dû passer avant d'aboutir, et de réaliser par une machine qui n'est pas seulement, au dire des hommes compétents, un chef-d'œuvre de mécanique, mais encore un bienfait pour la société, et particulièrement pour l'ouvrière.

C'était au mois de mai 1867, à Colmar, la ville du silence et du recueillement, et aussi un peu de l'immobilité, la ville de Martin Schœngauer et de Pfeffel, de Rapp et de Bruat, la ville de Bartoldy, une jeune gloire d'hier ; la ville des inventeurs de la couseuse automate, à qui demain, je l'espère, donnera aussi leur auréole ; mais n'anticipons pas.

C'était donc à Colmar, au lendemain de l'ouverture de l'Exposition universelle, Mlle Caroline Garcin, que son assiduité consciencieuse à la tâche journalière d'instruire les jeunes filles confiées à ses soins, n'empêchait pas de suivre activement le mouvement des besoins et des améliorations qui constituent la vie moderne, Mlle Garcin crut que le moment était venu de porter remède à une invention des plus intéressantes, particulièrement destinée à la classe ouvrière, mais que sa nouveauté même entachait encore d'une imperfection pernicieuse. Tourmentée du désir de délivrer la malheureuse ouvrière de la fatigue et des inconvénients multiples occasionnés par la machine à coudre, elle sentait, à chaque écho qui lui revenait des inventions nouvelles exposées au palais du Champ-de-Mars, son idée plus persistante, et elle en était malheureuse, car elle ne voyait pas comment elle pourrait jamais la réaliser. Que vous dirai-je ? C'était devenu chez elle une idée fixe, une véritable obsession qui lui prenait ses nuits aussi

bien que ses jours, sans lui laisser un moment de relâche, enflammant chez elle un enthousiasme qui se
communiquait à ses sœurs, non moins désireuses
qu'elle de voir réaliser ce précieux résultat, quoi-
qu'elles fussent bien moins ambitieuses à cet endroit,
et d'une nature assez peu disposée à s'embarquer
dans les rêves.

Qu'une idée fixe soit une terrible hôtesse, je ne le
nie pas ; ne disons pas toutefois, Messieurs, trop de
mal des idées fixes, car, si elles ont pour effet, quelquefois, de faire sauter le crâne humain, elles ont,
par contre, le divin privilége de mûrir le fruit d'or
de l'inspiration ; regardez bien, en effet, à la racine
de toute grande chose, construction philosophique,
œuvre d'art, découverte importante, vous trouverez
toujours une idée fixe. Sous l'obsession de celle qui
ne la laissait pas respirer, une nuit, Mlle Caroline
Garcin s'éveille comme d'un rêve. Je reproduis ses
propres paroles, dont rien ne saurait remplacer la
vivacité. Il lui semblait qu'elle venait d'entendre une
pâle et frêle ouvrière qui lui disait d'une voix, à laquelle l'expression de son regard ajoutait encore :
« Poursuis ton idée... merci de penser ainsi... nous
» souffrons horriblement. » Elle avait à peine entendu
ces mots, qu'elle voit, à côté de l'ouvrière, une machine à coudre, *marchant seule*, sous le regard intelligent d'un homme dont la figure plongeait à moitié dans l'ombre. Et, à la vue de cette couseuse *automate*, la fraîcheur et la santé revenaient comme

par enchantement à la pauvre ouvrière, assurée désormais de pouvoir conduire, sans fatigue et sans
risque pour sa santé, cette machine merveilleuse,
devenue son gagne-pain.

Je ne vous apprends pas, Messieurs, qu'il existe
depuis longtemps déjà, deux sortes de couseuses,
l'une dite couseuse de ménage, qui marche à l'aide
d'une manivelle qui ne quitte pas la main droite,
tandis que la main gauche dirige et maintient la
pièce de couture ; l'autre, machine destinée plus
particulièrement aux grands établissements de confection, que l'ouvrière met en mouvement par l'action incessante de ses pieds sur deux pédales, et qui
laisse les deux mains libres, mais la condamne à im-
primer sans relâche, à toute la partie inférieure de
son corps, un mouvement sec et rapide, dont le
rythme continu, en faisant affluer le sang et en su-
rexcitant le système nerveux, compromet la santé
de l'ouvrière, et peut, au rapport des médecins, occa-
sionner les accidents les plus graves.

Quel bienfait pour les ouvrières, si la machine
entrevue dans son rêve par Mlle Caroline Garcin,
pouvait devenir une réalité ; et, dans cette éventua-
lité, quel honneur pour elle de contribuer à doter la
société d'une invention aussi utile ! Si c'était, de la
part d'une femme, bien de l'ambition, il faut recon-
naître aussi que le but était noble et inspiré par
une pensée d'humanité. Mais ce qui justifie Mlle Caroline Garcin, c'est que, si grande que fût cette

ambition, le cœur qui la concevait était à sa hauteur.

Son imagination déjà s'élançait, impatiente de trouver le moyen de réaliser sa machine, lorsqu'une première objection, et de toutes la plus naturelle, se présenta, qui tout d'abord arrêta son élan. Et si cette machine existait déjà ? Car enfin, depuis l'invention des couseuses, et surtout après les nombreux et inquiétants rapports des médecins, tous unanimes à signaler les effets désastreux du fonctionnement de la machine à pédales sur la santé, on avait dû songer plus d'une fois à créer une couseuse automate, et la chose devait être depuis longtemps à l'étude.

Avant toute démarche, c'était un point à éclaircir. Mlle Caroline Garcin l'éclaircit, et s'assura que la couseuse automate était encore à naître. Cette vérification achevée, elle fait, par l'intermédiaire d'un mécanicien de rencontre, un ou deux essais pour trouver un moteur ; mais, malgré la bonne volonté du mécanicien, ces premiers essais n'aboutissent qu'à de grosses dépenses, sans plus.

Ce début n'était pas fait pour encourager Mlle Caroline Garcin. Cependant, loin de se laisser déconcerter, elle fait exécuter par une de nos grandes maisons d'Alsace, un nouveau modèle de moteur qui arrivait, ô bonheur ! à mettre l'aiguille de la couseuse en mouvement ; mais, hélas ! avec un bruit tel qu'on croyait entendre la roue d'un moulin. C'était à rendre sourdes les malheureuses ouvrières qui auraient à vivre en tête à tête avec une pareille machine. Heureusement, il faut le dire à la décharge de ce moteur, honnête après tout, quoique tapageur, comme s'il avait la conscience et le remords de son méfait, il marchait juste la durée d'une minute, et s'arrêtait tout essoufflé.

Cependant, au milieu de tous ces essais qui, pour être peu décisifs, n'en étaient pas moins dispendieux, les sœurs aînées commençaient à s'inquiéter et à ne plus se sentir le courage de suivre Mlle Caroline. Elles trouvaient — qui ne leur eût donné raison alors ? — que c'était assez de temps et d'argent perdu comme cela. Elles n'avaient que trop écouté leur cadette, le moment était venu de laisser là les rêves, et de rentrer dans la réalité, dans la raison.

Mais ce qui décourageait les sœurs ne faisait qu'aiguillonner davantage Mlle Caroline Garcin. Il semblait que son idée s'enracinât en elle, à proportion des difficultés qu'elle rencontrait. Avec la ténacité de tous ceux qui sont destinés à trouver quelque chose, elle s'obstinait, elle s'acharnait à cette idée ; et elle aurait voulu y renoncer qu'elle n'y fût pas parvenue. Cette idée était passée dans ses veines. La machine tournait dans sa tête. C'était une vraie possession.

Dans l'intervalle de cette fièvre, une fièvre bien connue des physiologistes, la fièvre des inventeurs, arrive le 15 août. Pendant la grand'messe, où Mlle Caroline Garcin était allée avec ses élèves, et où elle faisait de son mieux, sans doute, pour se mettre en harmonie avec les sentiments de ce jour, il lui vient, comme un trait de lumière, la pensée qu'elle n'avait pas suivi réellement jusqu'alors l'indication précise de son premier rêve ; elle ne s'était pas encore, en effet, mise directement en rapport avec la personne qui devait exécuter sa machine, elle n'avait encore agi que par des intermédiaires. Vous vous rappelez cette figure de son rêve, à moitié perdue dans l'ombre, et sous le regard intelligent de laquelle *marchait* la machine qui rendait la vie et la joie à la pauvre ouvrière. Elle se sent spontanément toute remuée ; quelque chose lui dit qu'il faut qu'elle cherche encore, car il existait certainement, cet exécuteur entrevu de sa machine, auquel *elle-même*, *elle seule* devait expliquer et faire adopter son idée. En même temps, comme si cette figure mystérieuse de son rêve prenait corps et vie, elle la voit, elle croit la voir, du moins, sous les traits d'un habitant de Colmar, M. Adam, dont le génie mécanique lui est instantanément rappelé par le timbre de son horloge, sonnant magistralement l'heure, entre la voix de l'orgue et celle de l'officiant.

Mais qu'était-ce donc que ce M. Adam ? M. Adam, Messieurs, était tout simplement ce qu'il est encore aujourd'hui, un horloger de Colmar, estimé de ses concitoyens pour sa conscience et son habileté dans son art, et, sans s'en douter, un des premiers mécaniciens de France. Seulement, M. Adam avait deux grands défauts, au moins, pour qui veut, comme c'est aujourd'hui l'ambition de tant de personnes, bombarder la fortune : il ne pouvait rien laisser échapper de ses mains qui ne fût parfait, et il ignorait complètement l'art de se faire valoir. On l'avait bien vu lorsqu'il avait été choisi pour exécuter la nouvelle horloge de l'église catholique de Colmar. Il avait, sans bruit, exécuté un chef-d'œuvre; et lorsqu'il l'avait terminée, au lieu de sonner la trompette autour, il l'avait laissé hisser et enfermer entre les quatre murs de la tour Saint-Martin, où les choucas seuls, avec quelques rares connaisseurs, qui avaient eu vent, par hasard, de ce chef-d'œuvre, comme M. Reider, de Mulhouse, par exemple, se donnaient la peine de l'aller voir de temps à autre.

Voilà ce qu'était M. Adam, un habile et honnête mécanicien, estimé, sans doute, mais loin encore d'être apprécié à sa valeur.

Mais revenons à Mlle Caroline Garcin. La messe finie, elle court chez M. Adam. Il n'y était pas ; il était à Paris, à l'Exposition, d'où il devait revenir, le soir même, dans la nuit. Mais le lendemain matin, à dix heures, si on voulait revenir, on pourrait le voir.

Le lendemain, 16, Mlle Caroline, qui avait passé l'intervalle à fouetter le temps, et qui avait dormi, vous imaginez comme, se rend chez M. Adam, en face duquel elle se trouvait enfin ; elle lui expose

l'objet de sa visite. Mais, aux premiers mots d'expli-
cation, M. Adam l'arrête ; il n'a jamais bien regardé
une machine à coudre. Que n'était-elle venue avant
son voyage à Paris ; là, averti, il aurait pu prendre,
particulièrement à l'Exposition, des informations
précises. « Du reste, ajoute-t-il, si vous saviez le
nombre de tous les inventeurs malheureux qui sont
entrés dans cette chambre, le pied vous brûlerait à
la pensée d'y rester ; ce plancher est tout jonché de
leurs déceptions, n'y ajoutez pas les vôtres. J'ai peur
pour vous, et je vous le dis tout de suite. Vous ne
vous doutez pas des dépenses auxquelles vous serez
entraînée, encore moins des heures cruelles que
vous vous préparez. Moi-même, je serais détourné
de mes occupations et de mes affaires ; perte de
temps, perte d'argent, tracas et pis encore ; voilà la
galère où nous nous embarquerions. Non, tandis
qu'il est encore à temps, croyez-moi, Mademoiselle,
je sais ce que c'est ; ne vous laissez pas prendre dans
cet engrenage. Vous croyez n'y mettre aujourd'hui
que le bout du doigt ; demain ce sera la main, puis
le bras, puis le corps tout entier, c'est-à-dire votre
fortune et votre tranquillité, votre existence entière
qui y passeraient. »

Voilà ou à peu près ce qu'il lui disait, cet honnête
homme, et vous pensez qu'il y avait là de quoi décourager une résolution ordinaire ; mais celle de
Mlle Caroline Garcin n'en fut même pas effleurée.
Malgré les refus de M. Adam, elle insiste, elle dé-

veloppe son idée pendant plus d'une heure, si bien
qu'à la fin, de guerre lasse, et comme fasciné par
cette foi qui soulève des montagnes, il lui dit ces
seuls mots : « J'y penserai. »

J'y penserai. Ce mot avait terriblement l'air d'un
échappatoire ; mais telle était la confiance que, pendant son entretien, M. Adam avait inspirée à
Mlle Caroline Garcin dans son caractère ; telle était
la certitude qu'elle avait de la réalisation de son idée
par le ministère de cet habile et honnête homme,
qu'elle croyait avoir entrevu dans son rêve, et re-
connaître définitivement, que ces simples mots suf-
firent pour affermir sa conviction : pour elle, ils
étaient synonymes de : Nous réussirons.

A la bonne heure ; mais elle en était loin encore.
Cependant, à des intervalles de quinze jours, des
siècles pour son impatience ! Elle se rendait à l'atelier de M. Adam, et lui demandait très-doucement :
« Y avez-vous pensé ? » Et, toute tremblante, elle at-
tendait la réponse. Une fois, c'était non ; une autre
fois, le temps a manqué. Ou bien M. Adam n'y était
pas, et il fallait remettre la visite à la quinzaine
suivante. Car, avec toute sa persistance, le tact dont
est douée Mlle Garcin, lui disait qu'il faut laisser les
gens respirer. Quelquefois, et alors quel bonheur !
M. Adam répondait qu'il y avait pensé...; mais c'était
tout.

Il faut dire, et vous n'avez pas de peine à le com-
prendre, que les mêmes raisons de prudence, qui

faisaient hésiter les sœurs de Mlle Caroline Garcin, ou plutôt les poussaient à reculer, agissaient sur l'entourage immédiat et le plus cher de notre mécacien. « Pourquoi, lorsqu'il avait une belle clientèle qui lui permettait de faire vivre honorablement sa famille, lorsqu'il pouvait à peine suffire aux nombreuses commandes qu'il recevait tous les jours ; pourquoi négliger ses affaires, pour tenter, à la suite d'une personne inconnue, des essais dont le moindre inconvénient était de lui faire perdre son temps et sa tranquillité. »

Voilà les choses sages et on ne peut plus raisonnables, il faut bien l'avouer, que M. Adam entendait répéter journellement autour de lui, et particulièrement les jours de visite de Mlle Caroline Garcin. Voilà ce qu'il ne pouvait s'empêcher de se dire à lui-même, et il est probable qu'il aurait fini par se rendre à ces judicieuses objections, s'il n'avait fini par entrevoir, à son tour, la possibilité de réaliser l'idée de son inspiratrice; s'il ne l'avait sentie, cette idée, germer peu à peu, et comme tressaillir dans son esprit, en attendant qu'il la fît éclore, et surtout s'il n'avait été encouragé par une personne de son intérieur qui partageait avec Mme Adam son affection, et qui avait toute sa vénération. Cette personne n'était autre que la mère même de sa femme. Dans la chambre où Mlle Caroline Garcin était reçue, et où se passaient toutes ces insistances et ces hésitations, près du fourneau, la bonne aïeule avait son fauteuil, et tout en ayant l'air de *soupirer en repos*, selon l'expression charmante du vieux poète Racan, *l'ennui* de sa vieillesse, elle ne perdait pas un mot de ce qui se disait. Toutes les fois que la persévérante visiteuse affirmait à M. Adam, incrédule et hésitant, qu'il n'avait qu'à vouloir pour réaliser la machine de son rêve, la bonne vieille, branlant sa belle tête blanche, marmottait entre ses dents : « C'est pourtant vrai, que Louis peut s'il veut ; cette demoiselle a raison. Je le sens aussi moi, il réussira. » Alors, ah ! pourquoi n'est-elle plus là pour voir l'honneur fait à celui qu'elle aimait comme un fils ! Quand mille autres oreilles que celle de son Louis ne pouvait l'entendre, alors la digne femme lui disait bien vite, en se penchant : « Mlle Garcin dit vrai ; sa conviction m'a saisie ; écoute-la, elle te mène à la fortune. »

Que de fois ces scènes se renouvelèrent. Cependant la machine ne se dessinait pas encore nettement dans la tête du mécanicien de Colmar. Voilà, direz-vous, une idée qui ne va pas vite en besogne. Mais ignorez-vous donc, Messieurs, que la durée de l'incubation de toute chose appelée à durer à quelque ordre qu'elle appartienne, inventions, œuvres, existences, est, en raison même de sa vitalité future, et qu'il n'y a que ce que le temps a mûri qui ait de l'avenir ?

Enfin pourtant, après bien des nuits sans sommeil, M. Adam l'a avoué depuis, le 15 février, au matin, M. Adam, se frappant le front, s'écrie comme Archi-

BIBLIOTHÈQUE R.F. IMPRIMÉS.

2

mède : *Je l'ai trouvé*. Qùoi ? lui dit sa femme, toule saisie de son air étrange. *Je l'ai trouvé*, reprend-il, et il saute sur un compas, prend un crayon, une équerre, et tout d'un jet il trace sur le papier le moteur de sa machine. Il en dessine toutes les pièces, exécute les modèles, les fait couler et les ajuste. Il a tout prévu, et sans avoir donné un coup de lime inutile, il voit sortir de ses mains la perfection même de la machine, comme l'a si bien dit dans son rapport à la *Société industrielle* de Mulhouse, le savant M. Heilmann. Grâce au génie de M. Adam, le rêve de Mlle Caroline Garcin prenait corps enfin ; le moteur automatique vivait;bientôt il allait marcher.

Il était tout naturel de boire à l'avenir du nouveau-né. Le jeune entourage de Mesdames Garcin prépara bouquets et guirlandes; quelques amis, conviés à la fête, avaient préparé leur muse. Mais la fête fut attristée par l'absence de M. Adam, retenu au chevet de l'aïeule qui se mourait.

L'âme de la machine, je veux dire le moteur, était trouvé ; c'était le point capital, cependant il restait encore quelque chose à faire pour son complet achèvement. Quelle couseuse, c'est-à-dire quel appareil d'aiguille adapter à ce moteur, et comment, sous quel régime, si vous me permettez ces termes de pratique, les marier ensemble ? Avec les scrupules de perfection que porte si haut M. Adam, il reste d'abord un instant indécis. Il voulait avoir son aiguille à lui, fonctionnant avec son moteur à lui.

« Donnez-moi deux mois, dit-il alors à Mlle Caroline Garcin, et nous aurons un appareil d'aiguille à
nous. » Six semaines après, au moyen d'une ingé-
nieuse modification dans la transmission du mouvement de l'appareil Wheeler et Wilson, ainsi per-
fectionné, l'aiguille était trouvée ; M. Adam la ma-
riait, je veux dire l'ajustait au moteur, et la
couseuse automate, achevée, complète, fonctionnait
admirablement.

Ce serait ici le lieu, si le temps me le permettait,
et si mon récit ne m'entraînait, de vous ouvrir l'intérieur de cette machine, et de vous en expliquer le
mécanisme ; mais qu'il me suffise de vous dire, d'un
mot, ce qui en fait l'originalité.

Figurez-vous, dans une caisse formant une sorte
de table, six paires de ressorts enfermés dans autant
de barillets ou cylindres, également disposés par
paires sur trois arbres horizontaux, et engrenant les
uns avec les autres, dont le dernier mène un volant
à ailes mobiles, réglable à volonté. Voilà proprement l'âme ou le principe du mouvement de la machine, le moteur, en un mot. Maintenant, voulez-
vous le faire fonctionner ? C'est la chose la plus
simple du monde : à l'aide d'une petite manivelle,
qu'un enfant pourrait tourner, vous remontez les
ressorts de la machine, absolument comme vous re-
monteriez votre montre, et vous lâchez, en l'écartant
à droite, une petite détente. Immédiatement, la
couseuse part, à raison de quatre cents coups ou

de six cents coups à la minute, selon l'inclinaison plus ou moins grande que vous imprimez
aux ailes mobiles du volant, et cela pendant une
heure et demie. Voulez-vous arrêter ? vous ramenez
à gauche la détente avec le bout du doigt, et votre
couseuse s'arrête aussi vite que vous l'avez fait partir. A-t-elle achevé sa course, et voulez-vous lui en
faire fournir nne nouvelle ? vous la remontez en tournant la manivelle ; et, sans la moindre hésitation,
comme sans la moindre fatigue, elle recommence à
marcher sans qu'elle ait besoin, pour mesurer une
journée entière de travail que d'être remontée quelquefois. Ce n'est pas tout, par suite d'une combinaison qu'il n'est pas exagéré de qualifier d'admirable, —
celle des doubles ressorts qui sont disposés de façon
à pouvoir se remplacer — cette machine, vraiment
intelligente, est capable de subvenir elle-même aux
légers dérangements qui peuvent subvenir dans sa
marche.

N'est-ce pas ici qu'on pourrait dire avec La Fon-
taine, décrivant le mécanisme de la montre :

Maint ressort y tient lieu de tout l'esprit du monde !

Et ne trouvez-vous pas qu'il faut que M. Adam
ait de l'esprit de reste, pour en avoir tant mis dans
une machine ?

Il semblait que tout fût fait dès lors, et qu'il n'y
eût plus qu'à produire cette merveille de mécanique
pour la faire acclamer de quiconque la verrait.

Demandez donc au musicien qui vient de lire une partition, ou au poète qui vient de terminer un robuste poème, si tout est fait, tant qu'il n'a pas trouvé, l'un un *impressario*, l'autre un éditeur, qui lancent leur œuvre, et la fassent passer du portefeuille au grand jour de la publicité. « Mon royaume, mon royaume pour un cheval », dit quelque part, tout frémissant d'impatience, un héros de Shakespeare ; « dix ans de ma vie », dirait volontiers de son côté l'homme qui vient de trouver ou d'achever quelque grande et belle chose, « dix ans de ma vie pour un théâtre où je puisse exposer le fruit de mes veilles ».

Ce n'est pas Colmar qui pouvait donner cette publicité à l'œuvre de M. Adam et de Mlle Caroline Garcin. Il pouvait peut-être, du moins, entourer de bienveillance et de sympathie l'invention nouvelle, l'adopter en quelque sorte, s'en faire honneur, et l'encourager ; mais cela eût été contre la loi des choses qui veut, selon une parole divine, que « nul né soit prophète en son pays ». Un coin de l'Hôtel-de-ville leur fut bien généreusement accordé pour exposer la machine ; quelques personnes vinrent bien y jeter un coup-d'œil, mues par ce sentiment de curiosité défiante, je n'ose dire narquoise, qui accueille toute invention nouvelle ; le public manqua : et la machine se morfondit dans l'ombre de sa solitude qu'elle illuminait.

Oui, la merveille était là qui resplendissait, et on

ne la vit pas ; elle passa inaperçue ou à peu près. Ce n'est pas tout ; alors commença pour Mlle Caroline Garcin et M. Adam ce qu'on pourrait appeler la période d'épreuve des inventeurs. L'épreuve, il est vrai, pour ne rien exagérer, se borna ici, et surtout dans les commencements, à des coups d'épingle ; mais à qui apprendrai-je la cuisante souffrance que causent ces coups d'épingles répétés ? On les connait ; tous les chercheurs ont passé par ces armes, que savent si bien aiguiser la médiocrité et la jalousie ; histoires, répétées à satiété, de tous les inventeurs malheureux, et qu'on se fait un cruel plaisir de vous jeter à la tête ; airs de suffisance qui n'ont pas d'autre traduction possible que cette phrase stéréotypée à l'usage de tous ceux qui font leur plaisir et leur métier de décourager : *avec cela qu'on vous a attendu !* tout, jusqu'au silence, peut-être plus cruel encore, des amis affectant de ne rien savoir de ce qui vous brûle le sang des veines, et est pour vous une question de vie ou de mort. Mlle Caroline Garcin et M. Adam burent à cette coupe dont tous les inventeurs ont connu l'amertume, et je ne suis pas bien sûr qu'il n'y ait pas eu tel jour où, finissant eux-mêmes par douter d'eux, jusqu'en face de leur machine — oh ! il n'y a rien au-dessus de ce désespoir ! — ils n'aient pas été tentés de donner raison aux moqueries du public, et ne se soient pas demandé s'il ne serait pas possible, en effet, qu'ils ne fussent, comme on le voulait, comme on le répétait, que des cerveaux brûlés ou des idiots.

Cet état de choses ne pouvait durer; nos inventeurs pensèrent que Paris leur serait plus sympathique. Paris a bien des défauts, sans parler des vices ; mais il sait admirer. Ils prirent une grande résolution, celle d'y transporter, coûte que coûte, leur machine, et de la montrer à des gens compétents. Je dis coûte que coûte, car un voyage à Paris, entrepris dans de pareilles conditions, avec une perspective de séjour relativement assez long, s'annonçait comme fort dispendieux, et les essais, ainsi que les nombreux brevets qu'on avait dû prendre à grands frais, tant en France que dans les pays de l'Europe, ainsi qu'en Amérique, avait naturellement fourni matière à de nouvelles et sérieuses réflexions. C'était une chose bien grave, en effet, d'engager ainsi définitivement le trésor de ses économies, et peut-être de son commun patrimoine, sur la mer orageuse d'une entreprise aussi inconnue et si aléatoire..... Mais pouvait-on hésiter au moment où l'on entrevoyait si naturellement le port ?

Ils partirent donc, et ici je ne puis m'empêcher de vous rapporter un détail de leur départ, qui vous fera peut-être sourire, et que je trouve touchant.

Comme on montait la couseuse dans le wagon, qui devait la transporter à Paris, M. Adam voulait monter avec elle pour ne pas la quitter d'un instant. Mais le réglement est inflexible ; il dut, le cœur bien gros, se contenter de la laisser à la garde de l'employé préposé à cet office. Seulement, par compensation, à chaque station, il venait visiter la chère machine, pour voir s'il ne lui était rien arrivé, et la recommander à toute la sollicitude, à tous les égards de l'employé.

Et le chemin de fer les emportait avec une immense angoisse au cœur, et tout à la fois avec un indéfinissable espoir. Enfin, ils arrivent à Paris, et s'installent duns un hôtel, puis, sans perdre de temps, vont trouver le célèbre M. Armengaud, le maître-juré des brevets, le grand jurisconsulte des inventeurs. Ils lui demandent la permission de lui montrer leur couseuse ; il y consent ; sans retard ils la lui amènent, lui expliquent le mécanisme et attendent en suspens sa réponse. M. Armengaud la regarde fonctionner, la tourne et la retourne, et après l'avoir inspectée dans tous les coins, ne cache pas son admiration : il avait devant lui, c'était lui qui le disait, un chef-d'œuvre, et il le répète à qui veut l'entendre. Pour rendre l'épreuve plus complète, nos voyageurs convoquent, autour de leur œuvre, des savants, des médecins, des chefs d'atelier, des ouvrières ; tous étaient émerveillés. C'étaient, tous les jours, des visites et des processions devant la machine, qui, cette fois, ne trouvait plus le temps de se reposer ; c'étaient, chaque jour, des félicitations à Mlle Garcin, des ovations à M. Adam, qui, alors seulement, grace à cette atmosphère bienveillante et enthousiaste de Paris, eut la conscience du chef-d'œuvre qu'il avait produit.

Ah ! si sa mère, si sa femme et ses enfants avaient été là ! Ce qui le touchait le plus profondément, c'était d'entendre tant de personnes lui avouer tant d'essais infructueux tentés par elles pour trouver un moteur aux couseuses. Depuis dix ans, ce problème, rendu plus palpitant par tous les rapports des médecins sur les effets désastreux, au point de vue hygiénique, de la couseuse à pédales, et élevé par là à la hauteur d'une question humanitaire, depuis dix ans ce problème était cherché. Seul, le mécanicien de Colmar, sous l'impulsion de Mlle Garcin, l'avait trouvé. A chaque instant, des chefs de grandes maisons leur offraient des fonds et leurs ateliers ; ici nos inventeurs sûrent éviter l'écueil qui pouvait se cacher sous ces propositions. Ils ne pouvaient, en effet, les accepter qu'au prix de l'aliénation de leur œuvre, ou, au moins, de leur liberté ; mais cette œuvre leur avait trop coûté pour l'abandonner à d'autres mains. Ils l'avaient mise au jour, ils tenaient à la lancer eux-mêmes.

Paris avait reconnu le prix de leur invention, c'était tout ce qu'ils voulaient. Ils se chargeaient du reste, à leurs risques et périls. Revenus à Colmar, ils se hâtèrent d'envoyer leur machine à Mulhouse. Ce serait un grand point pour eux, si cette ville, qui pèse d'un si grand poids sur tous les marchés du monde, leur donnait son suffrage. Ils ne pouvaient manquer de l'obtenir, et le 8 octobre dernier, la Société industrielle, en attendant un rapport plus détaillé, publiait, dans *l'Industriel alsacien*, un rapport sommaire du savant M. Heilmann, émettant l'avis le plus favorable sur l'invention nouvelle. Juste un mois après, le 8 décembre, M. André Kiener, de Colmar, y faisait à son tour écho, je suis heureux de le dire, dans un journal de la localité.

Et maintenant, la fabrication marche, les commandes arrivent, et une machine à vapeur fonctionne pour pouvoir y suffire, à Colmar, rue des Blés, dans la maison de mesdames Garcin, dans le local même où pendant dix-huit ans elles avaient rendu, à d'autres titres, tant de services aux familles de l'Alsace. M. Adam, à cette heure, n'a plus qu'un souci, c'est d'échapper aux importunités des inventeurs qui, alléchés par l'exemple de Mlle Caroline Garcin, se pressent plus que jamais à sa porte.

Des personnes ont soulevé la question de savoir à qui réellement de Mlle Caroline Garcin ou de M. Adam revient l'honneur de l'invention. M. Adam, chez qui l'honnêteté est à la hauteur du talent, y a répondu lui-même de la façon la plus catégorique, en installant ses ateliers chez Mlles Garcin. Ils savent tous deux, en effet, ce qu'ils se doivent mutuellement; et si Mlle Garcin, qui a fait jaillir une étincelle de plus du génie mécanique de M. Adam, est la première à lui faire honneur de l'invention de la couseuse automate, M. Adam sent, lui aussi, que

Mlle Garcin a été l'inspiratrice, l'âme en quelque sorte de la couseuse avant que cette âme fut créée, et que cette âme, ce moteur, a été créé grâce à son énergie, à son courage et à sa persévérance! Tous deux donc ont été à la peine, au travail, tous deux doivent être à l'honneur et à la récompense.

Si, d'ailleurs, vous trouvez convenable, Messieurs, que Strasbourg, la capitale de l'Alsace, patronne une invention que Colmar a vue naître, que Mulhouse est en train d'adopter, et que toutes les ouvrières de France vont demain acclamer; qui, d'ailleurs, est loin d'avoir dit son dernier mot, puisqu'il est question d'appliquer le nouveau moteur à la télégraphie, vous m'excuserez, je l'espère, d'avoir laissé de côté mon programme primitif, et d'avoir profité de cette occasion, si tentante, pour signaler à votre attention et à votre intérêt une merveille de mécanique qui honore l'Alsace entière.

Rapport *lu à la Société industrielle de Mulhouse, par* M. Josué HEILMANN, *dans la séance du 30 novembre 1868.*

—

L'appareil présenté par M. Adam et Mlles Garcin, ne constitue pas, à vrai dire, un nouveau système de machines à coudre.

La série déjà si nombreuse des innovations de tous genres introduites dans la construction de ces utiles auxiliaires, rend assez difficile aujourd'hui l'invention d'un engin en tout point plus parfait que ce qui a été fait.

L'idée de Mlle Garcin, idée qui a déjà fait travailler un grand nombre de têtes intelligentes, et qui a produit quantité d'inventions plus ou moins achevées, a été simplement de substituer, dans une machine à coudre quelconque, à l'action motrice des pieds ou de la main, une source de force étrangère.

Selon Mlle Garcin, l'inventeur de la machine, ce remplacement aurait, sous le rapport hygiénique, une importance beaucoup plus grande qu'on ne pourrait le croire. D'après elle, il est reconnu généralement à Paris, notamment dans les ateliers où un grand nombre de machines à coudre fonctionnent sans interruption, que le travail simultané du pied agissant sur la pédale, des mains guidant l'ouvrage, et des yeux dont l'intervention est non moins active, fatigue très-promptement l'ouvrière, au point de rendre impossible une opération de couture d'une durée de plus de quelques heures.

Cette opinion ayant trouvé un contradicteur, lors de l'exhibition de la machine Adam-Garcin à la dernière séance, j'ai pris autant de renseignements à ce sujet qu'il m'a été possible. Toutes les personnes auxquelles les machines à coudre sont familières m'ont assuré qu'il est difficile à une ouvrière, même robuste, de travailler à ces machines plus de deux à trois heures, sans s'arrêter.

On m'a cité un certain nombre de sujets qui, par suite d'un travail non interrompu, sont devenus sérieusement malades, d'autres ont dû abandonner ce genre d'occupation, ne pouvant pas résister à la fatigue qu'elle occasionne.

Qu'il y ait eu ou non exagération dans ces diverses opinions, il n'en est pas moins vrai qu'une machine où l'action du pied est entièrement supprimée, offre de grands avantages, ne serait-ce que ceux de permettre à la main de guider plus facilement, et aux yeux de suivre plus attentivement.

Comme source de force étrangère, on conçoit que l'on n'a pu songer à l'emploi de la vapeur que dans des cas exceptionnels, là, par exemple, où fonctionnent à la fois un très-grand nombre de machines.

On a cherché, et on cherche encore, à utiliser

l'électricité comme force motrice . Tout le monde a pu voir, à Mulhouse, un appareil de ce genre fonctionnant régulièrement. Sans vouloir ôter de sa valeur à cette invention, je ferai observer que, jusqu'à ce jour, l'emploi des piles, toujours inévitable dans la production des courants, présente de grands inconvénients. L'entretien onéreux de ces piles et leur intensité d'action extrêmement variable ne sont pas les moindres.

Ces inconvénients ont bien moins d'importance quand on n'a en vue que la transmission des signaux.

L'introduction de ressorts agissant comme dans les mouvements d'horlogerie, a été trouvée bien préférable. Plusieurs brevets ont été pris déjà pour des applications de ce genre ; mais la très-grande majorité de ces inventions sont venues se heurter à des obstacles que M. Adam a cherché à éviter dans cette nouvelle machine, tout en ayant recours à ce dernier mode d'action.

L'emploi d'un ressort unique est éminemment défectueux. En effet, pour que son action soit de quelque durée, il est nécessaire de lui donner des dimensions considérables. L'exécution en est difficile et le prix très-élevé. On cite un ressort de ce genre qui a coûté, à lui seul, 75 francs.

En outre, à moins qu'on n'utilise qu'une portion très-petite de la course dont ce ressort unique est susceptible, on arrive à une trop grande variation de vitesse, du commencement à la fin de son action, pendant la détente.

La machine de Mlle Garcin et de M. Adam est mue par une série de six ressorts, dont chacun est, à son tour, dédoublé, afin de prévenir un arrêt forcé en cas de rupture ; je reviendrai sur ce point un peu plus loin. Les barillets contenant ces six ressorts sont disposés par paires sur trois arbres horizontaux, le tout formant une sorte de nappe que le constructeur a sù fort habilement placer dans la caisse qui sert de table à la machine à coudre proprement dite.

Le premier barillet engrène avec le pignon de remontage et forme l'arrêt de toute la série des ressorts ; le ressort qu'il renferme y est fixé par son extrémité extérieure, tandis que le bout intérieur donne l'impulsion à l'arbre sur lequel ce premier barillet est monté. De l'autre côté de ce même arbre, un second ressort double, disposé de la même façon, continue l'impulsion qu'il communique par son barillet garni d'un engrenage au ressort numéro 3, monté sur le second arbre parallèlement au premier ; du ressort numéro 3 l'impulsion est continuée au ressort numéro 4, et ainsi de suite jusqu'au dernier des six barillets qui mène par une série d'engrenages le volant réglable à volonté, selon la vitesse désirée, et une poulie à gorge communiquant par une corde de cuir tordue à l'arbre principal de la machine à coudre.

Cet arrangement fait que l'action des ressorts s'ajoute en quelque sorte bout à bout; la durée de leur action en est augmentée, tandis que les variations d'intensité en sont d'autant diminuées. J'ai pu m'assurer que la machine de Mlles Garcin et M. Adam conserve sensiblement la même vitesse pendant une marche d'une heure environ, fonctionnant à raison de quatre cents coups à la minute, ce qui correspond à une rapidité moyenne.

A raison de six cents coups à la minute, la force motrice accumulée dans la série des six ressorts remontés, est encore suffisante pour permettre à la machine de fonctionner au delà d'une heure entière.

Le volant qui règle la marche est, du reste, solidement construit et très-facile à manier même par des mains peu habiles.

L'emploi d'une courroie tordue, tout en produisant un entraînement suffisant, permet de donner très-facilement toutes positions voulues aux diverses parties de la machine à coudre pendant les temps d'arrêt du moteur, ce qui devient nécessaire au commencement, à la fin des opérations de couture, et lorsque, par exemple, l'aiguille ou toute autre pièce doit être déplacée.

Je reviens maintenant sur le dédoublement des six ressorts, qui en porte le nombre en réalité à douze. Quand l'un d'entre eux vient à se rompre, il arrive ceci : son voisin monté de la même manière que lui, dans le même barillet, ayant à contrebalancer l'ef-

fort des cinq ressorts doubles, se tend et reste enroulé sur l'arbre jusqu'à ce que la détente des cinq
autres ressorts ait affaibli leur action assez pour lui
permettre de l'équilibrer, et recommence alors à
agir en se détendant. Mais il faut remarquer que,
pendant tout le temps qu'il reste tendu, la machine
continue de fonctionner, attendu qu'il établit une
solidarité entre l'arbre et le barillet.

Cette disposition des ressorts par paires dans chaque barillet, est un des points remarquables de la
machine de Mlles Garcin et M. Adam.

J'ajouterai que, pour diminuer les chances de rupture des ressorts, ils ont été montés sur des manchons portés par les arbres, manchons qui ont un
très-fort diamètre. Il en résulte qu'au moment où
les ressorts sont complètement enroulés par l'effet
du remontage, l'angle formé par l'extrémité fixée
au barillet n'a rien de forcé, l'espace compris entre
le manchon et le barillet étant assez restreint.

Cet arrangement offre, en outre, l'avantage de
pouvoir entièrement se passer de croix de Malte.

On pourrait faire observer à M. Adam que le
temps nécessaire au remontage est un peu long (une
minute et demie).

Il serait facile, sans beaucoup augmenter la force
nécessaire, et par le simple changement du pignon,
de réduire ce laps de temps.

On pourrait même ajouter un remontoir supplé-
mentaire, en laissant subsister le premier.

Quant à la machine à coudre proprement dite, Mlles Garcin et M. Adam ont pris pour type celle de Wheeler et Wilson, qui est universellement appréciée.

Il y a cependant été introduit quelques innovations, dans le but d'alléger la marche en diminuant les frottements. L'emploi d'une roue d'angle et une meilleure disposition des tourillons, ont amené à ce résultat.

En somme, la machine à coudre présentée par Mlles Garcin et M. Adam, présente des avantages incontestables. L'absence de la pédale et de ses accessoires contribue à en faire un meuble gracieux; son poids n'est pas exagéré, l'ustensile est facilement déplaçable.

Abstraction faite de la question du prix qui peut paraître un peu élevé, cette invention est une de celles que l'on peut recommander chaudement, non-seulement aux grands fabricants de ce que l'on nomme la confection, mais aux simples ménages.

HEILMANN.

Lettre de M. PHILIBERT-SOUPÉ, *professeur de littérature française à la Faculté des lettres de Lyon, publiée dans le* Salut public *de Lyon, du 3 février 1869.*

LA COUSEUSE AUTOMATE

Lyon, 2 février 1869.

MONSIEUR LE DIRECTEUR,

Je viens de lire la notice, publiée dans le *Constitutionnel,* par Henri de Parville, et reproduite par vous récemment sur Barthelémy Thimonnier, l'inventeur des machines à coudre, natif du Lyonnais, mort dans la misère, sans avoir été prophète dans son pays ni ailleurs. A plusieurs reprises déjà, vous aviez signalé ses laborieux efforts, les obstacles que lui opposèrent l'ignorance et les intérêts privés, les déceptions et le dénûment qui furent l'unique récompense de trente années de travail et de luttes. On l'avait regardé à peu près comme un fou ; c'est l'usage en pareil cas; mais l'invention, conçue par le modeste artisan de l'Arbresle, traversa les mers ; elle fut copiée en Angleterre, remaniée en Amérique ; par conséquent, désormais, elle était sûre de réussir en France. Notre patriotisme a l'habitude de n'accepter nos propres idées que quand les étrangers nous les renvoient, marquées de leur estampille.

Aussi, les machines à coudre sont-elles maintenant employées partout ; elles rendent de continuels

services; il y en a de dix fabriques, de vingt modèles; les galeries de l'Exposition universelle en étaient
encombrées; les annonces des divers systèmes
émaillent la quatrième page de tous les journaux.
Chaque jour elles se perfectionnent : ou le prix s'en
abaisse ou l'outillage s'y simplifie. Cependant, la
plupart de ces machines (je ne parle pas de celles
qui sont portatives, exiguës et d'un service restreint,
mais des ordinaires à pédales, telles qu'on les emploie dans une foule d'ateliers), la plupart, dis-je,
ont des inconvénients déplorables pour les ouvriers
qui les mettent en mouvement. Ce mouvement répété et continu produit à la longue une fatigue qui
touche à l'épuisement et peut amener les plus graves
altérations de la santé. Ce n'est pas moi qui le dis,
m'y connaissant fort mal : ce sont des rapports de
médecins, celui du docteur Guibout, à Paris, ceux
des docteurs Chambrelin et Perry, à New-York, et
bien d'autres, qui le démontrent. A les en croire, le
mal est *très-sérieux, très-réel;* or, on affirme que le
remède est trouvé.

L'Alsace, où j'ai de nombreuses et chères relations, est, vous le savez, une des régions de l'empire
où l'industrie est le plus florissante, l'instruction le
plus répandue, l'activité intellectuelle le plus en éveil :
là, sont nées les cités ouvrières, la ligue de l'enseignement; là, prospèrent les bibliothèques populaires,
les cours d'adultes ; là s'essaient le crédit agricole et
je ne sais combien d'institutions utiles. Dans une des

principales cités de cette province, à Colmar, une personne fort distinguée sous tous les rapports, Mlle Caroline Garcin, qui dirigeait depuis longtemps un pensionnat de demoiselles, consacrait ses rares loisirs, après l'accomplissement de la plus ingrate des tâches, à des études et à des réflexions sur les sujets les plus variés. Un jour (c'était en mai 1867), l'idée lui vient que celui-là ferait une bonne œuvre, en même temps qu'une bonne affaire, qui découvrirait le moyen d'améliorer la machine à coudre, de manière à la rendre tout à fait inoffensive pour les jeunes filles et les femmes du peuple qui en usent constamment. Sa tête travaille et fermente : faut-il ajouter qu'on la trouve originale et passablement déraisonnable ? On l'accuse de perdre son temps, et, chose plus terrible, son argent, vu qu'elle n'a pour leur soumettre ses idées que des mécaniciens de rencontre qui n'aboutissent à rien de pratique. Heureusement, elle finit par s'adresser à un artiste d'une rare habileté, M. Adam, qui, dans la nouvelle horloge de l'église catholique de Colmar, passe pour avoir exécuté un chef-d'œuvre de mécanique.

Homme positif et sans illusions, il combat d'abord les propositions de l'institutrice ; mais, au bout de plusieurs mois d'attente, gagné par la conviction de celle qui l'assiége sans cesse, il se met à l'œuvre, tâtonne, cherche, modifie, et, définitivement, crée une machine sans pédales, mue par un mouvement d'horlogerie des plus curieux, supérieure, dit-on, à celles des meilleurs systèmes, et surtout exempte des fâcheux inconvénients qu'on a tant de fois indiqués. On l'a nommée la *couseuse automate*; et, effectivement, une fois montée, elle va comme d'elle-même pendant une heure, au moins, de suite.

Figurez-vous une espèce de caisse contenant six paires de ressorts qui sont renfermés dans autant de cylindres disposés également par paires sur trois arbres horizontaux, et qui sont engrenées les unes dans les autres ; la dernière a un volant à ailes mobiles qui se règle à volonté ; tel est le moteur. Au moyen d'une manivelle, vous remontez les ressorts comme ceux d'une montre, et, si vous lâchez une détente, la machine part, à raison de quatre cents ou six cents coups à la minute, selon l'inclinaison que vous aurez imprimée au volant. Toutes les heures, vous régularisez le mécanisme ; dans l'intervalle, vous pouvez l'arrêter ou le remettre en jeu à votre gré ; rien de plus simple, seulement on ne l'avait pas encore trouvé.

Dorénavant, plus de pédales, plus d'efforts personnels de la part de l'ouvrière, plus de langueur physique, conséquence inévitable de ce va-et-vient épuisant. Les couseuses électriques, dont on a parlé beaucoup, pourraient seules lutter contre celle-ci ; mais elles sont d'un maniement bien autrement délicat : on conçoit qu'en cas de dérangement, un ressort est plus facile à remonter qu'une pile à amorcer.

D'ailleurs, dans la machine de Colmar, il y a des

ressorts de rechange qui, lors des accidents possibles, viennent automatiquement se substituer aux autres, et, en outre, l'entretien est beaucoup moins dispendieux.

L'œuvre était complète, l'été dernier. Mlle Garcin et M. Adam l'exhibent devant tous à l'Hôtel-de-Ville de Colmar ; on la regarde à peine. Ils la transportent à Paris, où M. Armengaud, un des juges les plus accrédités sur ces matières, la déclare excellente ; des médecins, des industriels, des ouvrières sont du même avis. Des commanditaires, des exploitants se présentent ; nos deux inventeurs les repoussent ; ils avaient assez semé de peines et de labeurs pour récolter eux-mêmes. A partir de ce moment tout marche à souhait. L'institutrice se sépare résolûment de ses nombreuses élèves dont elle avait depuis si longtemps la confiance : elle transforme les salles et les cours de son pensionnat en ateliers où, à l'aide de la vapeur, on fabrique journellement des modèles ou des appareils qui sont demandés dès qu'ils sont connus.

Des brevets d'invention sont pris en son nom et au nom de son associé pour les différents pays de l'Europe et pour les Etats-Unis ; ils se chargent de fournir la France ; des dépôts vont être établis partout ; on en a déjà sollicité un à Lyon, et je pense qu'il y fera bonne figure. La phase des expériences et des découragements est passée ; les inventeurs n'ont plus qu'à profiter de leur succès.

Au reste, les suffrages les plus autorisés et les plus flatteurs leur ont été accordés. Le savant M. Heilmann, dont le nom est si populaire, publiait, dans *l'Industriel alsacien* du 8 novembre 1868, un exposé destiné à la Société Industrielle de Mulhouse, où il rendait hautement justice à la découverte nouvelle ; le 8 décembre, dans un journal de Colmar, M. André Kiener n'était pas moins concluant. Le 27 décembre, la Société d'agriculture, sciences et arts du Bas-Rhin tenait, à la préfecture même, sa séance annuelle sous la présidence de M. le baron Pron, préfet du département. Là, le délégué de la Société littéraire de Strasbourg, M. Campaux, professeur de littérature ancienne à la Faculté de cette ville, auteur d'une très-bonne thèse de doctorat sur François Villon, et d'un spirituel recueil de vers, intitulé : *Les legs de Marc-Antoine*, ne craignit pas de payer le tribut de la littérature aux conceptions de la mécanique, surtout quand ces conceptions étaient au service de la philanthropie la plus éclairée. Il y a là une notice fort développée, écrite du style le plus élégant et le plus chaleureux, où il racontait en détail l'histoire de cette invention, et qui a été insérée le 31 décembre, dans *l'Impartial du Rhin*. Le *Courrier du Bas-Rhin*, du 29 décembre, rendait compte de cette séance et annonçait que M. le préfet de Strasbourg, après avoir publiquement félicité Mlle Caroline Garcin et M. Adam des résultats acquis, leur avait permis d'exposer, toute une semaine, leur remarquable machine dans le local de la Chambre de commerce, afin qu'elle y fût l'objet de l'examen le plus attentif.

Enfin, une feuille de Colmar, *l'Alsace*, il y a quelques jours, le 24 janvier, ajoutait son témoignage à tant d'autres. A Paris et sur les bords du Rhin, il semble qu'il y ait eu unanimité sur l'art très-ingénieux que la Couseuse Automate révèle, sur les services qu'on attend d'elle, sur les dangers qu'elle peut prévenir. Tout incompétent que je fusse en la question, je n'ai pas cru devoir négliger l'occasion qui s'offrait à moi de signaler une amélioration si importante pour les personnes laborieuses (et elles sont nombreuses à Lyon) qui, par métier et par besoin, usent des machines à coudre à pédales. J'ignore si les inventeurs alsaciens feront fortune ; je le leur souhaite de tout mon cœur. Ce dont je suis sûr, c'est que, s'ils réussissent comme ils le méritent, des milliers d'ouvrières les béniront, et ce bénéfice-là en vaut bien d'autres.

A. Philibert Soupé.

Cette lettre fut reproduite dans le *Journal d'Amiens* avec une courte introduction portant que l'invention de la *Couseuse Automatique* devrait être d'autant mieux accueillie en Picardie, qu'elle se rapporte spécialement à l'industrie de cette contrée. Dans le Santerre, en effet, c'est par milliers que les machines à coudre sont employées à la confection de la bonneterie, tandis que, dans Vimeu, la plupart des habitants, y compris les femmes et les enfants, sont occupés à la fabrication de la serrurerie légère et des outils de précision.

Cependant les ateliers de construction fonctionnaient à Colmar, où les inventeurs avaient formé le projet de se renfermer dans leur fabrication. Malheureusement, ils avaient été amenés à faire un traité *exclusif* de vente et d'exploitation avec une maison de Paris, qui, bien loin d'aider et de favoriser l'élan de l'industrie naissante, lui apporta des entraves de toutes sortes, au point que MM. Adam et Garcin se virent forcés, après plusieurs tentatives infructueuses, de réclamer une résiliation... Ce n'était pas seulement leur part légitime de bénéfices, mais leurs droits et leur invention qui périclitaient.

Ils allaient enfin obtenir satisfaction, car le Tribunal de commerce de la Seine avait fixé au 15 septembre 1870 les plaidoieries sur l'action intentée en résiliation et sur les dommages-intérêts à fixer entre les associés Adam et Garcin, et MM. de la Crouée et Duroselle, à Paris, quand tout fut brusquement suspendu par l'invasion des Prussiens.

Mlle Caroline Garcin resta enfermée dans Paris assiégé, depuis le mois de septembre 1870 jusqu'en février 1871. On sait que les cours et tribunaux ne reprirent leurs travaux qu'après le second siége de Paris, aussi ne fut-ce que le 1er septembre 1871, que le Tribunal de commerce de la Seine, par trois jugements combinés qui réglaient tout le litige, et leur donnaient complètement gain de cause, rendit à MM. Adam et Garcin l'entière disposition de leur invention et la libre gestion de leurs intérêts.

MACHINE A COUDRE AUTOMATIQUE

DE

Mlles Garcin et de M. Adam, de Colmar.

RAPPORT

Lu par M. ROUSSEL (Martial).

(Séance du 14 avril 1871.)

MESSIEURS,

Notre honorable collègue, M. Vion, m'a invité à prendre connaissance d'une machine à coudre déposée momentanément chez lui, et avec les propriétaires de laquelle il est en relation d'amitié.

Cette machine, inventée par Mlles Garcin et M. Adam, de Colmar, est brevetée dans les principaux Etats de l'Europe et en Amérique.

Mlles Garcin ont consacré une fortune laborieusement acquise à la promulgation d'une idée heureuse; celle de faire de la couseuse mécanique une machine automatique. Elles ont été merveilleusement secondées dans l'exécution et le développement de cette idée par M. Adam, horloger à Colmar, artiste distingué, auquel les sciences physiques et mathématiques sont redevables d'un grand nombre d'instruments de précision. C'est lui, m'a-t-on assuré, qui a fourni à M. Hirn, l'illustre physicien de Colmar, les instruments dont il s'est servi pour l'étude des phénomènes si savamment exposés par lui dans ses nombreux ouvrages.

Ces quelques mots sur les inventeurs de la nouvelle machine à coudre suffiront, je l'espère, Messieurs, pour appeler vos sympathies sur leur découverte et sur la valeur réelle qui la caractérise.

M. Vion, persuadé, comme nous tous, que le but et le devoir des sociétés savantes est de travailler à la propagation des idées et des découvertes qui peuvent contribuer au progrès des arts et des sciences, m'a engagé à vous présenter, sur la nouvelle machine, quelques considérations propres à vous la faire connaître; dans la pensée que vos suffrages, si elle les obtient, aideraient puissamment à sa promulgation. J'ai cédé d'autant plus volontiers à cette demande, que je connais, mieux que personne, votre vif désir de contribuer au développement de tout ce qui peut améliorer la position des ouvriers laborieux, et faciliter leurs travaux. La machine de Mlles Garcin et de M. Adam m'a, d'ailleurs, paru digne de votre attention, par l'intelligence et l'heureuse disposition qu'ils sont parvenus à lui donner, et par les résultats vraiment remarquables qu'ils ont obtenus.

Avant d'entrer dans l'examen de l'appareil qui nous occupe, permettez-moi, Messieurs, de jeter un coup-d'œil sur les machines à coudre en général, et au milieu des avantages incontestables qu'elles présentent, de vous signaler quelques inconvénients assez graves qu'a révélés leur usage, aujourd'hui si heureusement et si généralement adopté. Ces inconvénients consistent, principalement, dans la fatigue qui résulte pour les ouvrières de l'emploi de la pédale pour mettre ces machines en mouvement. Plusieurs médecins en chef des hôpitaux ont signalé, sous ce rapport de très grands dangers. Quelques-uns même ont été jusqu'à proscrire entièrement les machines à coudre animées par ce moyen. Dans une notice insérée dans la seizième livraison de l'*Encyclopédie générale*, page 366, M. Michel Alcan nous apprend que, dans certains ateliers, on a été obligé d'établir des relais, pour n'occuper la même femme que pendant deux heures consécutives, et cela, dit-il, parce que l'action incessante du pied fait affluer le sang à la partie inférieure du corps, et surexcite le système nerveux de façon à altérer gravement la santé de l'ouvrière. Un homme distingué, attaché, comme médecin en chef à un hôpital, a accueilli la nouvelle couseuse avec un véritable enthousiasme. L'Académie de médecine, disait-il à Mlles Garcin, constate journellement les maladies de toute nature qu'engendre la machine à coudre mise en mouvement par le pied de l'ouvrière. Quelques-uns de ses rapports ont été publiés dans les journaux, mais l'Académie n'a pas dit tout ce qu'elle sait, tout ce qu'elle pense à cet égard, pour ne pas décourager l'ouvrière qui est obligée d'employer une couseuse mécanique. Les inconvénients de la machine à coudre ne sont donc que trop réels. Ils sont malheureusement incontestables. Une fois reconnus, on a dû chercher les moyens de les faire disparaître, et pour cela, nous disent aussi MM. Armengaud frères, en donnant, dans le *Génie industriel*, une description complète de la machine à coudre de Mlles Garcin, plusieurs systèmes ont été proposés. La première a été tout naturellement la transmission d'un moteur à vapeur ou autre, par courroies; mais ce moyen ne peut être employé que dans une usine, c'est-à-dire, dans les cas exceptionnels, puisque les industries de la couture ne comportent pas généralement l'agglomération d'un grand nombre d'ouvrières, réunies dans un même local. J'ajouterai, moi, qu'il est désirable que cette réunion soit évitée le plus possible; que, dans l'intérêt de la morale, dans celui de la famille, on puisse laisser l'ouvrière dans son domicile, sous les yeux de sa mère, ou, si elle est mariée, au milieu de ses enfants. MM. Armengaud indiquent plusieurs autres tentatives faites pour rendre automatique la machine à coudre. On a cherché successivement à lui appliquer, comme moteur, le courant électrique dégagé par la pile, mais c'est là, nous disent-ils, une puissance motrice qui exige des soins, une grande délicatesse, et dont le prix de revient est très-élevé. On a aussi cherché à appliquer un petit moteur à piston, marchant par la pression de l'eau que donnent les conduites en charge dans la distribution d'eau des villes. Ce moyen, dû à M. Faivre, ingénieur à Nantes, serait excellent, mais il a rencontré, dans son application, un assez grand nombre de difficultés qu'il est inutile d'énumérer ici.

Reste donc uniquement, jusqu'à présent, comme indépendante de tout moteur fixe et étranger, la machine automatique de Mlles Garcin et de M. Adam.

Cette machine, je l'ai déjà dit, a été parfaitement décrite par MM. Armengaud frères dans le *Génie industriel* publié par eux, page 295. La planche 466 de ce recueil en montre, dans trois figures, tous les détails, et ne laisse rien à désirer pour l'intelligence des diverses parties qui la composent. Je me bornerai donc à vous parler ici de ce qui constitue proprement l'invention de Mlles Garcin et de M. Adam, c'est-à-dire, du moteur de la couseuse ; en engageant les personnes qui voudraient avoir une idée plus complète de l'appareil, à voir la machine elle-même, ou à recourir à la description insérée dans le *Génie industriel* que je viens d'indiquer. Ce moteur, en effet, doit seul nous occuper, puisque seul il est nouveau. La couseuse proprement dite, sauf quelques modifications intelligentes , dans le but de rendre les mouvements plus sûrs et plus faciles, appartient à l'un des divers systèmes connus ; le moteur s'appliquant également aux machines de chacun de ces systèmes.

Voici en quoi consiste ce moteur. Il se compose d'un rouage d'horlogerie d'une construction solide, qu'il suffit de remonter, toutes les deux ou trois heures, pour assurer le mouvement régulier et continu de la couseuse. Dans la machine qui m'a été montrée, six barillets portent des roues dentées, engrenant les unes dans les autres et conduisant un pignon dont l'axe porte une roue engrenant elle-même dans un second pignon. L'axe de ce pignon reçoit la poulie sur laquelle vient se placer la corde qui transmet à la machine à coudre le mouvement du moteur et une roue à denture héliçoïdale conduisant, au moyen d'une vis sans fin, le volant régulateur de l'appareil. Ce volant dont les ailes sont mobiles et peuvent être plus ou moins inclinées par rapport au plan de son mouvement, permet d'accélérer ou de diminuer la vitesse suivant les besoins. L'arrêt est obtenu de la manière la plus facile et la plus sûre, par une détente placée à portée de la main de l'ouvrière. Tous les mobiles composant ce rouage sont placés dans une cage horizontale, comme les roues d'une horloge, et l'appareil tout entier est renfermé dans une caisse en bois, formant la table même sur laquelle est placée la couseuse qu'il met en mouvement. Cette table est soutenue par quatre pieds, auxquels, selon moi, on a mal à propos ajouté des roulettes. Ces roulettes nuisent à la stabilité de la table, et doivent, dans certains cas, gêner le travail de l'ouvrière.

En résumé, le moteur inventé par Mlles Garcin et M. Adam se compose d'un rouage d'horlogerie mis en mouvement par douze ressorts énergiques de pendule, renfermés dans six barillets. C'est sur la combinaison très-remarquable de ces ressorts que je désire surtout appeler votre attention ; cette combinaison constituant à elle seule la nouveauté et tous les avantages du nouveau système. Le problème à résoudre était celui-ci : combiner un nombre quelconque de ressorts, de manière à ce qu'ils développent, non pas simultanément, mais successivement leur force, pour la mise en mouvement de la machine à coudre. En d'autres termes, il fallait obtenir de la réunion de plusieurs ressorts, non pas une plus grande somme instantanée de force, mais une plus longue durée dans le développement de cette force. Les inventeurs, je le répète, ont atteint ce résultat par une très-heureuse combinaison des ressorts moteurs.

Pour vous donner une idée claire et précise de cette combinaison, laissez-moi, Messieurs, vous dire un mot de la disposition du ressort plié en spiral, dans les machines où il est employé comme moteur. Le ressort est une lame d'acier trempé et ramené à un degré de dureté tel qu'on puisse le plier et le rouler autour d'un arbre. Ainsi enroulé, le ressort, par son élasticité, fait effort pour se redresser. Cet effort constitue la force motrice du ressort. Pour utiliser cette force, on renferme le ressort dans un barillet. Le barillet, comme on sait, est un cylindre creux formé par une feuille de fer ou de cuivre, et fermé, à ses deux extrémités, par deux plaques métalliques percées, à leur centre, d'un trou pour laisser passer l'axe du barillet. Le barillet tourne librement sur cet axe. Une des deux plaques excède, le plus souvent, par sa circonférence l'enveloppe cylindrique qui forme le barillet. Sur cette partie excédante sont taillées les dents d'une roue ordinaire. Cette roue, comme on le voit, fait corps avec le barillet, et participe à son mouvement. Le ressort, enroulé sur lui-même comme serait une feuille de papier, et placé dans le barillet, s'attache, par son extrémité extérieure à la circonférence intérieure du barillet, et, par son bout intérieur, à l'arbre qui le traverse et en forme l'axe. Le ressort ainsi enroulé sur lui-même, placé dans le barillet, et fixé par ses deux bouts, comme je viens de le dire, ne remplit pas toute la capacité du cylindre. Il reste, entre l'arbre et les spires intérieures du ressort, un vide qui permet de le tendre en le forçant à s'enrouler autour de l'arbre, et qui lui laisse la faculté de reprendre sa première position. Forcer ainsi le ressort à s'enrouler autour de l'arbre est ce que l'on appelle en horlogerie, remonter le ressort. Cet effet s'obtient de deux manières : la première, en maintenant le barillet immobile, et en tournant

l'axe sur lui-même, au moyen d'une clé ; la seconde, en arrêtant l'axe, et en faisant tourner le
barillet dans le sens convenable.

Ce qui précède bien entendu, on se rendra facilement compte de la combinàison des ressorts constituant le moteur de Mlle Garcin et de M. Adam.

J'ai dit déjà que ce moteur se compose de six
barillets animant un rouage d'horlogerie chargé de
transmettre le mouvement à la couseuse. Ces six
barillets sont placés, deux à deux, sur le même axe,
et portent chacun une roue dentée de même diamètre et d'un nombre égal de dents. Ils sont disposés
parallèlement dans la cage horizontale qui contient
tout le système, et à distance convenable pour que
la roue d'un barillet puisse engrener avec la roue
du barillet placé à sa droite. Chaque barillet renferme deux ressorts disposés à côté l'un de l'autre,
et attachés, comme je l'ai dit, par leurs extrémités
intérieures et extérieures, à l'arbre et à la circonférence intérieure du barillet, et agissant tous deux
dans le même sens, pour faire mouvoir ce dernier.
Ces ressorts sont très-énergiques, et leurs lames, ont,
m'a-t-on dit, une longueur de dix mètres. Chaque
barillet est donc animé par la force réunie et simultanée de deux ressorts, et le système entier, par la
force combinée et se développant successivement et
deux à deux, de douze ressorts. Les douze ressorts
sont ou doivent être, autant que possible, d'égale
force. Pour nous rendre compte de l'action succes-

sive et non simultanée des ressorts sur le rouage chargé de faire marcher la couseuse, voyons d'abord comment deux barillets se comportent l'un à l'égard de l'autre. Je prends pour exemple les deux premiers barillets placés à gauche, et portés par le même axe. On se rappelle, en effet, que les six barillets sont portés par trois axes seulement, deux sur le même arbre. Je reviens aux deux barillets choisis pour notre examen. Tous deux portent la roue dentée dont il a été question plus haut. Les quatre ressorts sont en repos, c'est-à-dire, toutes leurs spires appuyées les unes sur les autres et finalement sur l'enveloppe intérieure du barillet. Le premier barillet est remonté au moyen d'un pignon dont l'extrémité de l'axe, taillée en carré, reçoit la clé de remontoire. Ce pignon engrène dans la roue du premier barillet et imprime à cet organe un mouvement de rotation sur son axe qui remonte les deux ressorts qu'il contient. Ces deux ressorts sont donc remontés par la circonférence du barillet, mais à mesure qu'ils sont tendus par le mouvement de ce dernier, ils réagissent sur l'axe autour duquel ils s'enveloppent, et tendent à le faire tourner dans le même sens. Sous leur influence, cet axe se mettra bientôt en mouvement, et par ce mouvement, il tendra, par leurs bouts intérieurs, les deux ressorts enfermés dans le second barillet placé sur le prolongement de cet axe. L'action des ressorts du premier barillet se transmettra ainsi à ceux du second, tant que la main de l'opérateur agira sur le pignon de remontoire, et jusqu'à ce que la tension des deux barillets soit en équilibre, en d'autres termes, jusqu'à ce que les quatre ressorts qu'ils contiennent soient complètement remontés, si l'action du remontoire est assez prolongée pour atteindre ce résultat. Si l'on cherche maintenant quelle est la résistance qu'a dû vaincre le remontoire, on trouve qu'en intensité il n'a rencontré que la résistance d'un seul barillet, et, qu'en durée, il a dû vaincre successivement celle des deux barillets. En effet, si l'on suppose que l'axe est retenu dans une position fixe pendant qu'on remonte le premier barillet, il est bien clair que ce barillet complètement remonté n'a opposé à la main de l'opérateur que la résistance de ses ressorts. Arrivé à ce point, si on abandonne l'axe à lui-même, la tension des ressorts remontés se partagera entre les deux barillets ; le premier cédant au second la moitié de la force de tension de ses ressorts. Les ressorts du second barillet se trouveront donc ainsi remontés à moitié, et ceux du premier diminués d'une quantité égale. Il faudra, pour les ramener au point de tension complète, donner de nouveau le mouvement au remontoire, et ainsi de suite, jusqu'à ce que les deux barillets soient complètement remontés.

Par cet exemple on voit clairement que la main qui remonte le système n'éprouve que la résistance du premier barillet, la tension de ses ressorts se chargeant, elle, de remonter les ressorts du second.

Ce que nous disons pour deux barillets, on peut le dire de même pour les six barillets. En effet, le second barillet, remonté, comme on vient de le voir, par le premier, remonte le troisième par la circonférence, la roue dentée du second conduisant celle du troisième ; ce dernier remonte le quatrième par l'arbre comme a fait le premier pour le second. Le quatrième remonte le cinquième par la circonférence, et celui-ci, le sixième, par l'axe. C'est la roue dentée du sixième qui conduit le rouage chargé de transmettre le mouvement à la couseuse. Tout ce que l'on vient de dire pour l'accumulation successive de la force des ressorts, se produit en sens inverse et successivement pour la mise en mouvement de la machine à coudre. Les inventeurs ont donc parfaitement résolu le problème donné, celui d'obtenir d'un nombre quelconque de barillets la force successive, et non simultanée, de chacun d'eux. Je dis d'un nombre quelconque de ressorts, car, ainsi que vous venez de le voir, la force du moteur ne résulte pas d'un nombre plus ou moins grand de barillets, mais seulement la durée de son action. La force réunie et simultanée des barillets briserait l'appareil. Dans la disposition si heureuse, et, je crois, tout à fait nouvelle, qu'ont donnée les inventeurs aux barillets, ils ont donc atteint le but cherché, et enrichi les arts mécaniques d'un moteur nouveau, non par sa nature, mais par son application. Ce moteur, comme le font remarquer les inventeurs, est applicable, non-seulement aux machines à coudre, mais encore aux appareils télégraphiques et autres qui ont besoin d'un moteur énergique, et dont le développement rapide puisse se prolonger pendant un certain temps.

La machine à coudre, animée par le moteur nouveau dont je viens, un peu trop longuement peut-être, de vous donner une idée, renferme, selon moi, sur celles qui sont mues per le pied ou la main, des avantages qu'on ne peut méconnaître. Elle fait disparaître la fatigue si nuisible à la santé de l'ouvrière ; elle lui rend la liberté de ses deux mains ; elle la débarrasse de l'attention soutenue et importune dont elle a besoin pour obtenir et conserver le mouvement de sa machine. Elle lui laisse donc la facilité d'appliquer toute son attention, toute sa dextérité, à la direction de son travail.

Si, comme je le pense, vous reconnaissez comme moi ces avantages, vous n'hésiterez pas, Messieurs, à donner vos suffrages à la machine de Mlles Garcin et de M. Adam, et à en recommander l'usage, par tous les moyens de publicité en votre pouvoir.

Aussitôt après l'explosion de ses premiers succès à Colmar, à Mulhouse et à Strasbourg, *la Couseuse Automatique* a été vivement demandée à Paris, à Amiens, au Havre, à Londres, à Bruxelles, à Francfort, à Vienne (en Autriche), à Pétersbourg, en Suisse, en Algérie, etc.

Elle a figuré, dès 1869, aux Expositions d'Altona et de Paris, à l'Assemblée générale annuelle des ingénieurs anglais, le 6 juin 1871, et à la dernière Exposition internationale de Londres, en 1871.

Le 11 octobre 1871, elle a paru devant une Commission spéciale de l'Académie des sciences, à l'Institut de France.

En ce moment, décembre 1871, il se fait une application du même système à l'appareil télégraphique Hughes, à Amiens, centre de la fabrication et de l'exploitation de ce nouvel engin moteur, appelé à rendre de si importants services.

BIBLIOTHÈQUE NATIONALE
R. F.
IMPRIMÉS

www.ingramcontent.com/pod-product-compliance
Ingram Content Group UK Ltd.
Pitfield, Milton Keynes, MK11 3LW, UK
UKHW021458090726
13657UKWH00003B/1387